ЖИВАЯ И НЕЖИВАЯ ПРИРОДА

Природа — то, что нас окружает, но не создано человеком.

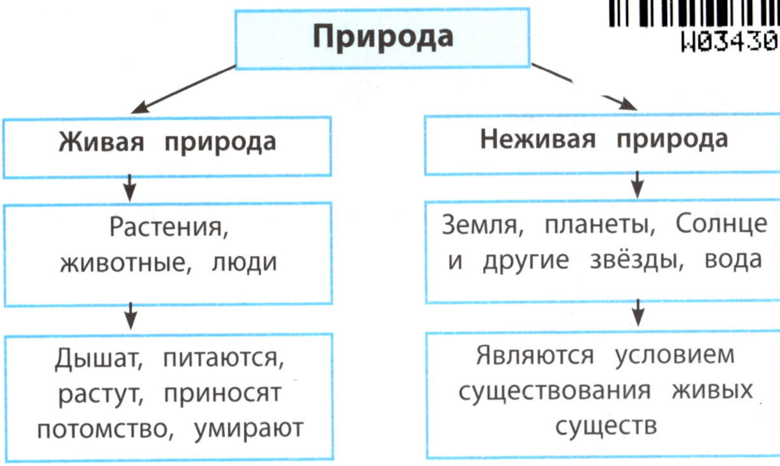

Природные явления

Природные явления, или **явления природы,** — все изменения, происходящие в природе (восход и заход солнца, замерзание водоёмов, изменение температуры воздуха и т. д.).

Сезонные явления природы

Зимние	Оттепель, гололедица, снегопад, метель, изморозь, зимняя спячка животных
Весенние	Ледоход, половодье, таяние снега, прилёт перелётных птиц, появление раннецветущих растений
Летние	Радуга, гроза, увеличение длительности дня, появление потомства у зверей и птиц
Осенние	Похолодание, затяжные дожди, густые туманы, первый снег, ледостав, отлёт птиц

ПОГОДА

Погода — сочетание температуры воздуха, облачности, осадков и ветра. Ежедневно можно наблюдать:

- за изменением температуры;
- за состоянием неба (ясно, пасмурно, облачно);
- за осадками (дождь, снег, град);
- за силой и направлением ветра;
- за сезонными явлениями.

Условные обозначения для записи состояния погоды

○ — ясно (небо чистое, солнце светит целый день)

◐ — переменная облачность (на небе есть облака, которые часто закрывают солнце)

● — пасмурно (небо затянуто тучами, солнца не видно)

ооо — дождь

✳ — снег

▲ — град

∃ — туман

⌓ — роса

⊔ — иней

Направления ветра

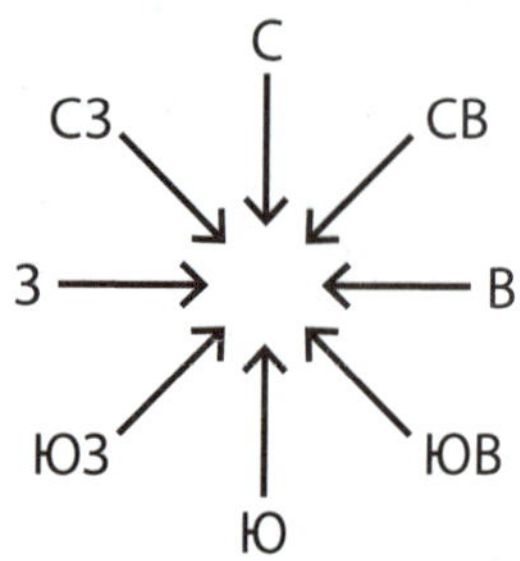

→ — слабый ветер

→ — умеренный ветер

→ — сильный ветер

→ — очень сильный ветер

Прогноз погоды

Наука о погоде называется **метеорологией**. По данным метеоспутников, работающих в космосе, составляется прогноз погоды. Предсказывать погоду можно также по **народным приметам**:

- появление перистых облаков на небе — к дождливой погоде;
- ласточки летают низко над землёй — к дождю;
- на закате небо красное — будет сильный ветер;
- вороны собираются в стаи и каркают — к метели;
- соловей всю ночь поёт — день будет погожим.

ЗВЁЗДЫ И ПЛАНЕТЫ

Солнечная система — Солнце и тела, которые вращаются вокруг него. В Солнечную систему входят 8 планет. Во время движения по орбите вокруг Солнца они вращаются ещё и вокруг своей оси.

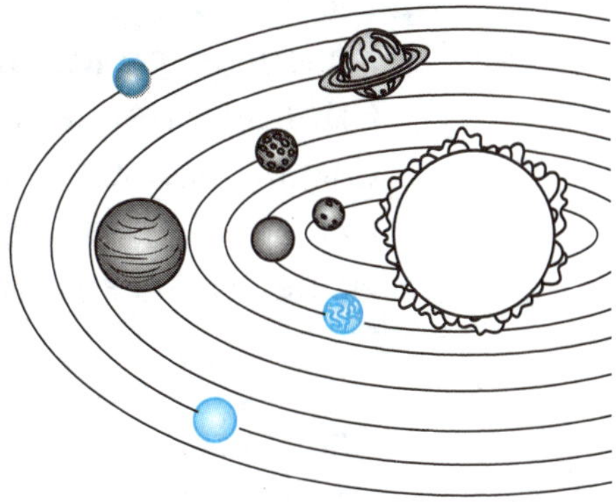

Планеты Солнечной системы

Планеты земной группы

1. Меркурий

- Вся поверхность в кратерах.
- Продолжительность года: 88 земных дней.
- Самая маленькая планета.
- Температура от +350 до −170 градусов.
- Не имеет спутников.

2. Венера

- Планета оранжевого цвета.
- Продолжительность года: 255 земных дней.
- Имеет плотную атмосферу.
- Не имеет спутников.

3. Земля

- Голубой шар.
- Продолжительность года: 365 или 366 дней.
- Единственная планета, где есть вода и жизнь.
- Спутник: Луна.

4. Марс

- Красная планета с тёмными пятнами.
- Продолжительность года: 687 земных дней.
- Вдвое меньше Земли.
- Спутники: Фобос и Деймос.

Планеты Солнечной системы

Газовые гиганты

5 **Юпитер**

- Красный полосатый шар.
- Продолжительность года: 12 земных лет.
- Самая большая планета, в 19 раз больше Земли, в 10 раз меньше Солнца.
- Имеет 67 спутников.

6 **Сатурн**

- Планета с огромными вращающимися кольцами, не касающимися её.
- Продолжительность года: 30 земных лет.
- Вторая по размерам планета.
- Имеет 62 спутника.

7 **Уран**

- Тускло-голубая планета.
- Продолжительность года: 84 земных года.
- Самая холодная планета.
- Имеет 27 спутников.

8 **Нептун**

- Планета ярко-голубого цвета с большим тёмным пятном, имеет 5 красноватых колец.
- Продолжительность года: 164 земных года.
- Имеет 14 спутников.

Звезда — раскалённый газовый шар, состоящий из водорода и гелия. **Солнце** — ближайшая к нам звезда.

Солнце →
- Температура на поверхности 6000 градусов.
- Диаметр в 109 раз превышает диаметр Земли, масса — в 330 раз.
- Источник тепла и света на Земле.

ЗЕМЛЯ — ПЛАНЕТА

Земля — третья от Солнца планета Солнечной системы. Её диаметр 12 472 км. На Земле благоприятная для жизни температура воздуха, есть вода и почва.

Ось — условная линия, которая проходит через центр Земли, Северный и Южный полюсы.

Вращение Земли вокруг своей оси

- Один оборот вокруг своей оси Земля делает за 23 часа 56 минут, то есть за **сутки**.
- Происходит **смена дня и ночи**. На стороне, которая не обращена к Солнцу, — ночь; на той стороне, которая обращена к Солнцу, — день.

Вращение Земли вокруг Солнца

- Один оборот вокруг Солнца Земля делает за 365 суток 5 часов 48 минут, то есть за **год**.
- Происходит **смена времён года**. В полушарии, которое находится ближе к Солнцу, — лето, в противоположном — зима. Осень и весна — периоды, когда оба полушария равноудалены от Солнца.

Изображение Земли на глобусе и карте

Глобус — объёмная модель Земли.

Меридианы — линии, соединяющие крайнюю северную точку Земли (Северный полюс) с крайней южной точкой (Южный полюс).

Экватор — условная линия, делящая земной шар на северное и южное полушария. Длина экватора 40 000 км.

Параллели — линии, расположенные параллельно экватору.

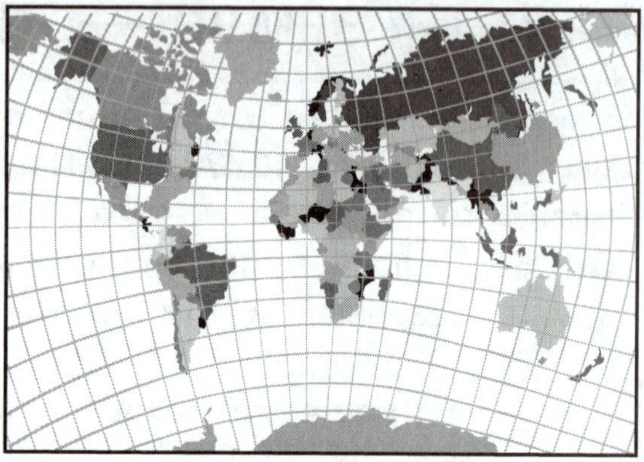

Географическая карта — условное изображение поверхности Земли на плоскости.

Масштаб — число, которое показывает, во сколько раз уменьшено действительное изображение. Например, масштаб 1:8 000 000 обозначает, что изображение уменьшено в 8 000 000 раз.

Цветовые обозначения на глобусе и карте

- Равнины — зелёный цвет;
- возвышенности — жёлтый цвет;
- горы — коричневый цвет;
- реки — линии голубого цвета разной ширины;
- моря, озёра, океаны — синий цвет.

Виды географических карт

Физические	Политические
Карты, на которых обозначены горы, равнины, возвышенности, реки, моря, озёра, океаны.	Карты, на которых обозначены страны. Физическая карта полушарий позволяет увидеть всю поверхность Земли на плоскости.

План местности

План местности — изображение объектов (дорог, колодцев, лесов и др.) определённой местности с помощью условных обозначений. На плане местности изображают небольшие участки земной поверхности.

Условные обозначения на плане местности

	— колодцы		— живые изгороди
	— ключи, родники		— двухпутные железные дороги
	— пещеры	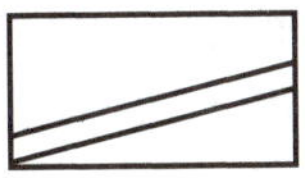	— шоссе
	— скала-останец		— грунтовые (просёлочные) дороги
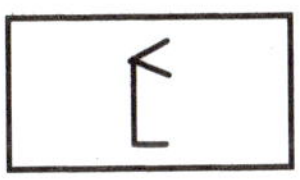	— указатели дорог		— полевые и лесные дороги
	— тригонометрические пункты		— зимние дороги
	— церковь	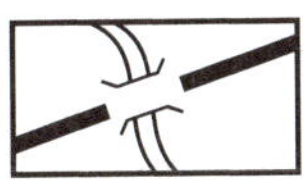	— мосты
	— памятники		— пристани
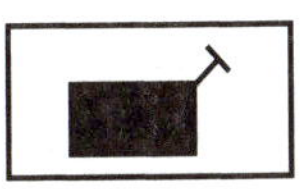	— дом лесника, лесничество		— броды

МАТЕРИКИ И ОКЕАНЫ

Материк — огромный участок суши, со всех сторон окружённый водой. На Земле шесть материков.

Австралия — самый маленький материк и самый большой остров. Здесь обитают сумчатые животные. Весь материк занимает одна страна — Австралия.

Африка — самый жаркий материк. Здесь находятся самая длинная в мире река — Нил и самая обширная пустыня — Сахара. Страны: Алжир, Египет и др.

Евразия — самый большой материк. На нём расположены две части света: Европа и Азия. Это единственный материк, который омывается всеми океанами. Здесь проживает 3/4 населения планеты. Страны Европы: Франция, Германия, Норвегия, Финляндия, Испания и др. Страны Азии: Индия, Китай, Монголия, Саудовская Аравия и др.

Северная Америка — один из двух материков, составляющих часть света Америку. Омывается водами Тихого, Атлантического и Северного Ледовитого океанов. Почти всю площадь материка занимают две страны: США и Канада.

Южная Америка — один из двух материков, составляющих часть света Америку. Омывается водами Тихого и Атлантического океанов. Самый дождливый материк. Здесь находится самая большая и многоводная река в мире — Амазонка. Страны: Бразилия, Аргентина, Колумбия и др.

Антарктида — самый южный и самый холодный материк, полностью покрытый льдом.

Океаны — огромные водные просторы. Мировой океан — это все моря и океаны на Земле, объединённые между собой. Мировой океан занимает 70,8 % площади поверхности Земли, подразделяется на Атлантический, Тихий, Северный Ледовитый, Индийский океаны.

ОРИЕНТИРОВАНИЕ НА МЕСТНОСТИ

Ориентироваться на местности — значит определять своё местонахождение и направление пути, а также стороны горизонта.

Способы ориентирования на местности

По Солнцу →
- Зимой Солнце восходит на юго-востоке, а заходит на юго-западе;
- летом Солнце восходит на северо-востоке, а заходит на северо-западе;
- весной и осенью Солнце восходит на востоке, а заходит на западе.

По Полярной звезде → Став лицом к Полярной звезде, мы получим направление на север.

По таянию снега → Снег с южной стороны на склонах оврагов, лунках деревьев тает быстрее.

По местным признакам →
- Деревья, камни, кровли домов раньше и обильнее покрываются лишайниками с северной стороны;
- на хвойных деревьях смола обильнее накапливается с южной стороны;
- ягоды и фрукты раньше приобретают окраску зрелости (краснеют, желтеют) с южной стороны.

По компасу → Компас нужно положить на ровную горизонтальную поверхность. Затем оттянуть предохранитель так, чтобы синий конец стрелки совпал с буквой С (север), а красный — с буквой Ю (юг). При этом все буквы укажут направления сторон горизонта.

ФОРМЫ ЗЕМНОЙ ПОВЕРХНОСТИ

Формы земной поверхности

Плоскогорья	Места с холмистой поверхностью, лежащей выше уровня моря.
Равнины	Ровные участки земной поверхности.
Горы	Возвышенности высотой свыше 200 м.
Холмы	Возвышенности высотой до 200 м.
Овраги	Углубления с крутыми склонами.
Балки	Углубления с пологими склонами.

Виды равнин	
Плоские	Ничто не закрывает горизонт: Западно-Сибирская низменность и др.
Холмистые	Встречаются холмы: Восточно-Европейская равнина и др.
Волнистые	Низины чередуются с холмами: Среднесибирское плоскогорье и др.

Виды гор	
По возрасту	• **Молодые** (Крымские горы). • **Старые** (Уральские горы).
По высоте	• **Высокие** — высотой более 2000 м: Кавказские горы (Эльбрус, 5642 м). Самая высокая гора в мире — Джомолунгма (Эверест), 8848 м (горная система Гималаи). • **Средние или низкие**: Уральские горы (Народная, 1895 м).

ВОДА

Вода — самое распространённое природное вещество.	
Свойства	• без цвета, вкуса и запаха; • растворитель; • при нагревании расширяется; • при замерзании сжимается.
Состояния	• жидкое (дождь, обычная вода); • твёрдое (лёд, снег); • газообразное (пар, туман).
Значение	• покрывает 2/3 поверхности Земли; • входит в состав любого организма; • природный дом для многих живых существ.

Круговорот воды в природе

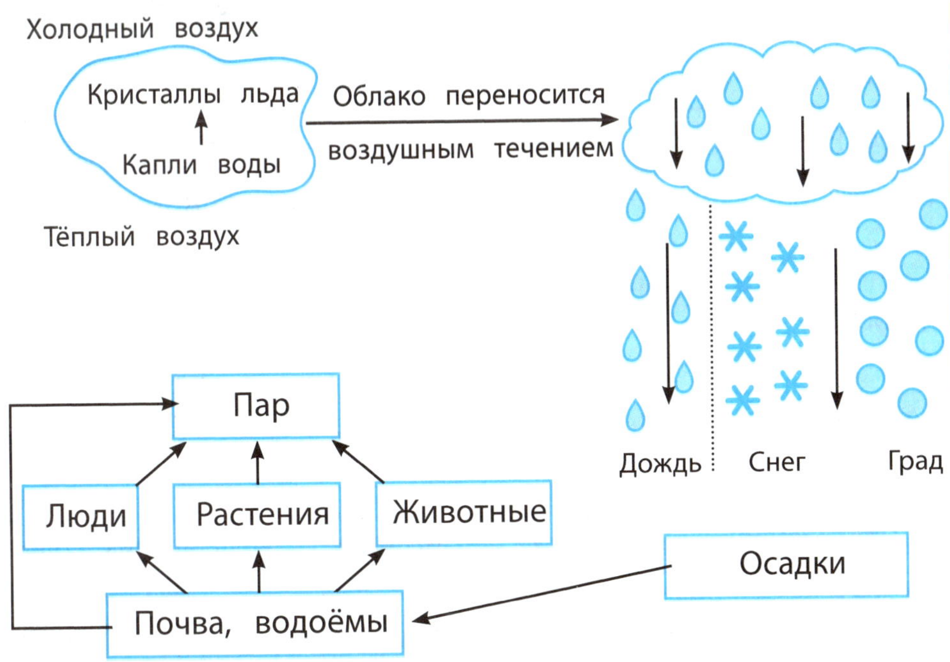

ВОДОЁМЫ

Водоёмы

- **Естественные** — созданы природой — океаны, моря, озёра, реки, болота, родники
- **Искусственные** — созданы человеком — пруды, водохранилища, каналы

Река — поток воды, который течёт в углублении. Начало любой реке даёт **родник**. Вода вытекает из родника и собирается в **ручейки**, а ручейки — в реки.
Притоки — маленькие реки, собирающиеся в большую. Место, откуда вытекает река, — **исток**, а место, куда впадает, — **устье**.
Русло — углубление, по которому течёт река.

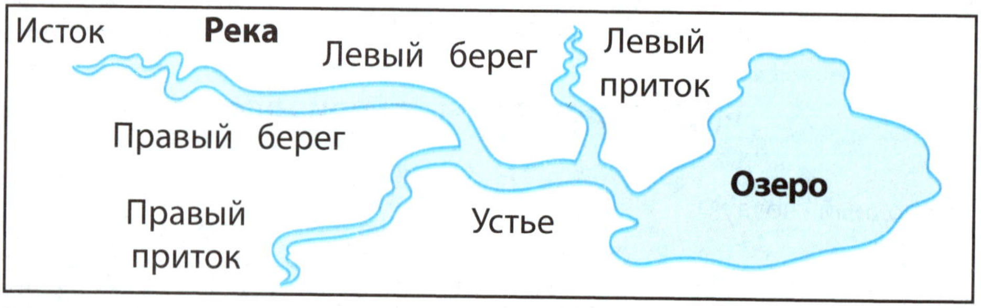

Реки России: Волга, Ангара, Енисей, Амур, Обь и др.

Озеро — природное углубление, заполненное водой. Озёра бывают **пресные** и **солёные**. Озёра России: Каспийское, Селигер, Онежское и др. Байкал — самое глубокое озеро, Каспийское — самое большое.

Море — часть океана, которая вдаётся в сушу.
Берега России омывают моря Северного Ледовитого, Тихого и Атлантического океанов.

Значение водоёмов

- место отдыха людей
- транспортные пути
- дом для животных
- источник воды для питья и хозяйственных нужд

ВОЗДУХ

Воздух — смесь газов. В состав воздуха входят **кислород**, **азот**, **углекислый газ**. Большую часть воздуха составляет азот.

При дыхании живые существа поглощают кислород и выделяют углекислый газ.

Свойства воздуха

- прозрачный, не имеет цвета, запаха и вкуса
- легче воды
- сжимаем и упруг, при нагревании расширяется, при охлаждении сжимается
- занимает весь предоставленный объём
- поддерживает горение

Загрязнение воздуха опасно для всего живого. Оно происходит:

- при выделении вредных веществ работающими автомобилями, заводами, фабриками;
- при извержении вулканов;
- при проникновении дыма лесных пожаров.

ПОЛЕЗНЫЕ ИСКОПАЕМЫЕ

Полезные ископаемые — минеральные образования земной коры, которые могут эффективно использоваться в хозяйстве. Большинство полезных ископаемых образованы из останков древних растений и животных, что подчёркивает взаимосвязь живой и неживой природы.

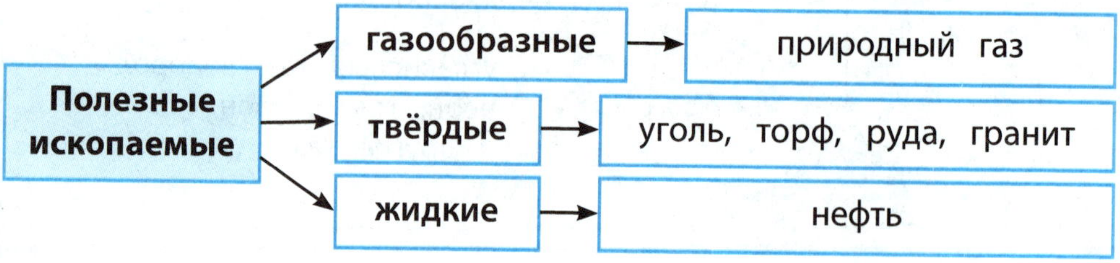

Виды полезных ископаемых	
Горючие	Газ, уголь, торф, нефть.
Рудные	Железная руда, медная руда, никелевая руда, золото, серебро.
Нерудные	Строительные: песок, глина, гранит. Химические: калиевая соль, поваренная соль.

Скопления полезных ископаемых образуют **месторождения**, а при больших площадях распространения — **бассейны**. Месторождения полезных ископаемых восполнить невозможно, поэтому их нужно использовать бережно.

ПОЧВА

Почва — верхний плодородный слой земли, на котором растут растения. Цвет и плодородие почвы зависят от количества в ней перегноя, песка и глины.
Перегной — останки сгнивших животных и растений.

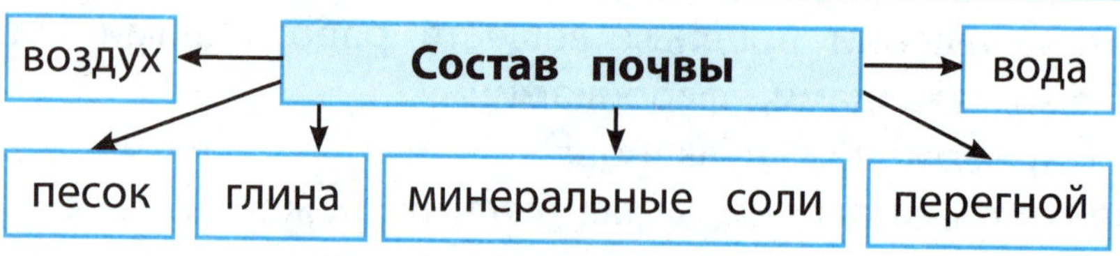

Виды почв

Чернозём

- Самая плодородная почва.
- Богата перегноем, питательными веществами, содержит много полезных для растений микроорганизмов.
- Имеет зернистую либо комковую структуру.
- Распространена в средней полосе России.

Подзолистая

- Имеет бурый цвет.
- Содержит 1–4 % перегноя. Требует внесения удобрений.
- Самая распространённая на территории России.

Серая лесная

- Имеет серый цвет.
- Содержит 2–8 % перегноя.
- Пригодна для выращивания плодовых и зерновых культур.

Глинистая

- Имеет коричневый цвет.
- Плохо пропускает воду.

Формирование почвы на Земле началось только с появлением живых существ. Для образования слоя почвы толщиной 5 см требуется 2000 лет.

Для **предохранения почвы от разрушения** необходимо:

- проводить снегозадержание;
- высаживать лесные полосы;
- умеренно орошать;
- умеренно применять удобрения;
- умеренно применять ядохимикаты;
- правильно распахивать почву.

РАСТЕНИЯ

Растения — живые организмы, которые под воздействием солнечных лучей сами вырабатывают питательные вещества для своего существования и развития. Поэтому растения называют **организмами-производителями**.

Для жизни растениям необходимы **вода**, **воздух**, **тепло**, **свет**. При дыхании растения поглощают кислород и выделяют углекислый газ. Для питания всасывают из почвы воду и растворённые в ней питательные вещества, из которых под воздействием солнечного света в листьях растений образуются органические вещества. При этом выделяется кислород.

Дыхание растений

Питание растений

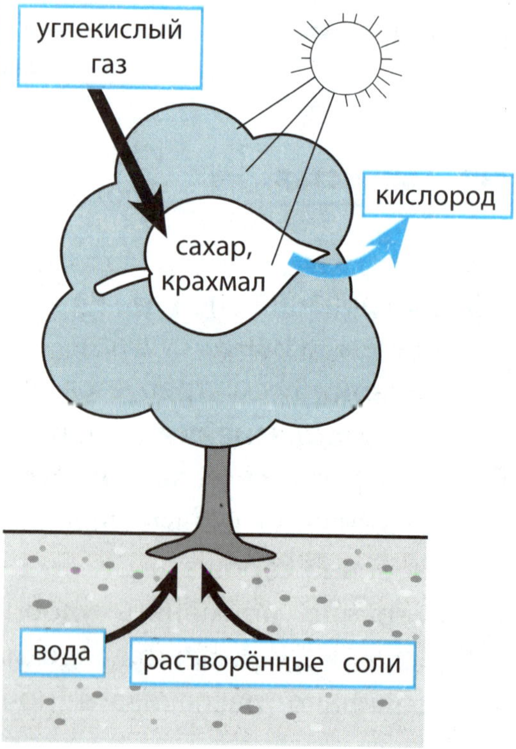

Части растений

Корень	Подземный орган, который удерживает растение в почве. При помощи корня растение впитывает из почвы воду с растворёнными в ней питательными веществами.
Стебель	Орган, по которому вода с растворёнными в ней питательными веществами движется к листьям, цветам и плодам. Стебель может быть зелёного или коричневого цвета.
Листья	Органы, в которых под воздействием солнечных лучей растение «готовит» для себя пищу. Листья наполняют воздух кислородом.
Цветок	Орган размножения. Цветы опыляются насекомыми, ветром. На их месте созревают плоды.
Плод	Орган размножения. В нём созревают семена.

Группы растений

По внешним признакам:

- **деревья** — растения, у которых один толстый стебель, называемый стволом (липа, каштан, дуб);
- **кустарники** — растения, у которых несколько твёрдых одревесневших стеблей (смородина, сирень);
- **кустарнички** — растения, у которых стебли не травянистые, а древесные, прочные;
- **полукустарники** — растения, у которых только нижние части стеблей одревесневают, твердеют, а верхние остаются мягкими, травянистыми;
- **травы** — растения, у которых стебли мягкие, сочные (одуванчик, ромашка, клевер).

Группы растений

По внешнему виду листьев:

- **лиственные** — деревья и кустарники, у которых листья в виде пластинок (берёза, сирень, крыжовник);
- **хвойные** — деревья и кустарники, у которых листья в виде иголок (ель, сосна, можжевельник, кедр, лиственница).

По условиям выращивания:

- **дикорастущие** — растения, которые никто не сажает и за которыми никто не ухаживает (полынь, земляника, дикая груша);
- **культурные** — растения, которые человек специально выращивает для удовлетворения своих потребностей. Культурные растения делят на **зерновые** (пшеница, рожь, ячмень), **технические** (сахарная свёкла, подсолнух, лён), **овощные** (картофель, помидор, лук), **плодово-ягодные** (яблоня, слива, груша), **декоративные** (роза, георгин, гвоздика);
- **Декоративные** (комнатные) растения — растения, способные успешно выживать и развиваться в условиях помещения (фиалка, сансевьера, фикус, хлорофитум).

По предназначению:

- **лекарственные** растения — растения, части которых используют в медицине для лечения различных заболеваний (валериана, ландыш, мелисса, мята, ноготки).

Размножение растений

Растения размножаются:

- **семенами** (все цветочные растения);
- **усиками** (земляника, клубника);
- **частью стебля** (виноград, крыжовник);
- **корневыми отростками** (малина).

ГРИБЫ

Грибы — одно из царств живой природы. Они не могут производить для себя питательные вещества, чем отличаются от растений. Это **организмы-разрушители**. Гриб состоит из **грибницы** (подземная часть гриба), **ножки** и **шляпки.** Некоторые виды грибов занесены в Красную книгу России: грифола курчавая, решёточник красный, паутинник и др.

Значение грибов

- Участвуют в разложении остатков живых организмов и способствуют образованию перегноя;
- помогают растениям в получении солей из почвы;
- являются лекарством и пищей для людей и животных.

Съедобные грибы

Опята

Белый гриб

Лисички

Ядовитые грибы

Бледные поганки

Мухоморы

Правила сбора грибов

- Собирать нужно только хорошо знакомые грибы;
- нельзя разрывать и разбрасывать в стороны мох и листву, чтобы не повредить грибницу;
- грибы нужно срезать ножом;
- нельзя собирать старые грибы, а также те, которые растут в городских скверах, возле шоссейных дорог и вблизи промышленных предприятий.

ЖИВОТНЫЕ

Животные — живые существа, которые питаются уже готовой пищей, то есть **организмы-потребители**. В отличие от растений, животные передвигаются: летают, бегают, прыгают, ползают. Им необходимы для жизни пища, воздух, вода, тепло. Животные могут жить на суше, в воде, в почве, в воздухе.

Группы животных по строению организма	
Название группы, представители	**Отличительная черта**
Черви: дождевые черви, пиявки.	Беспозвоночные животные с вытянутым телом. Обитают на дне водоёмов, в почве.
Моллюски: улитки, кальмары, осьминоги.	Имеют мягкое тело, заключённое в раковину.
Ракообразные: раки, крабы, креветки.	Конечности состоят из члеников.
Паукообразные: пауки, скорпионы, сенокосцы.	Имеют по 4 пары ног.
Насекомые: жуки, бабочки, стрекозы, мухи.	Имеют 6 ног, одну или две пары крыльев, голову, грудь, брюшко.
Рыбы: щуки, трески, барракуды, окуни, лещи.	Тело покрыто чешуёй, есть жабры и плавники. Обитают в воде.
Земноводные, или амфибии: лягушки, тритоны.	Могут обитать и на суше, и в воде.
Пресмыкающиеся, или рептилии: ящерицы, змеи, черепахи, крокодилы.	Тело покрыто сухими чешуйками или панцирем.
Птицы: сороки, аисты, колибри, орлы.	Тело покрыто перьями, передние конечности — крылья, имеют клюв.
Млекопитающие, или звери: зайцы, лоси, тигры.	Тело попрыто шерстью. Выкармливают своих детёнышей молоком.

Группы животных по особенностям питания		
Растительноядные	**Насекомоядные и хищники**	**Всеядные**
Нуждаются в растительной пище.	Поедают других животных, то есть себе подобных.	Могут питаться как растениями, так и животными.
Заяц, косуля, олень, мышь, пчела.	Ласточка (насекомоядная); сова, уж, волк, божья коровка (хищники).	Воробей, дикий кабан, медведь.

Домашние и дикие животные	
Домашние	Животные, которых люди разводят и используют в хозяйстве (птицы: утки, куры, гуси; звери: свиньи, овцы, козы, лошади).
Дикие	Животные, которые сами добывают себе еду, обустраивают жилища, обитают в природе (тигры, слоны, волки, лисы, медведи).

Особенности млекопитающих

- насчитывается более 5000 видов;
- вскармливают детёнышей молоком;
- есть волосы (шерсть);
- имеют похожее анатомическое строение;
- свойственно проявление родительской заботы и внимания к своим детёнышам.

Стадии развития животных

Насекомые: яйцо — личинка — куколка — взрослое насекомое.
Рыбы: икринка — малёк — взрослое животное.
Лягушки: икринка — головастик — взрослая лягушка.
Ящерицы, змеи, черепахи: яйцо — маленькое животное — взрослое животное.
Птицы: яйцо — птенец — взрослая птица.
Звери: детёныш — взрослое животное.

ПРИРОДНЫЕ ЗОНЫ РОССИИ

Зона арктических пустынь
Географическое положение: Северный Ледовитый океан с островами и прилегающими окраинами материков.
Неживая природа: зона вечной мерзлоты. Почва почти не образуется. Дуют сильные ветры, пурга. Зимой — полярная ночь, летом — полярный день. Температура воздуха от –60 градусов зимой до чуть выше 0 градусов летом.
Растительный мир: мхи, лишайники, водоросли.
Животный мир: чайки, гагары, белые медведи, тюлени.
Охрана природы: заповедник «Остров Врангеля».
Экологические проблемы: загрязнение окружающей среды, браконьерство.

Тундра
Географическое положение: южнее зоны арктических пустынь, вдоль берегов Северных морей.
Неживая природа: зима длится 7–8 месяцев (два из них — полярная ночь). Температура зимой опускается до –50 градусов. Лето короткое, прохладное. Почва бедна перегноем. Есть слой вечной мерзлоты. Много болот.
Растительный мир: полярные ивы, карликовые берёзы, ягель (олений мох), голубика, брусника, морошка.
Животный мир: северные олени, волки, песцы, лемминги, белая куропатка, полярная сова, серые гуси.
Охрана природы: Таймырский заповедник.
Экологические проблемы: загрязнение окружающей среды, браконьерство, уничтожение пастбищ.

Зона лесов
Географическое положение: европейская часть России, Западная Сибирь, Восточная Сибирь, Дальний Восток.
Неживая природа: зима морозная, снежная. Лето относительно тёплое. Большое количество осадков. Почва подзолистая, песчаная, болотная.
Растительный мир: ель, сосна, пихта, кедровая сосна (тайга), дуб, клён, липа, ясень (широколиственные леса).
Животный мир: кедровка, бурундук, летяга, соболь, лось, бурый медведь, рысь, заяц-беляк, рябчик, глухарь, зубр.
Охрана природы: Приокско-Террасный заповедник, национальный парк «Лосиный остров».
Экологические проблемы: браконьерство, лесные пожары, загрязнение окружающей среды.

Степи
Географическое положение: юг Восточно-Европейской равнины и Западной Сибири. Участки есть в Забайкалье и в котловинах гор Южной Сибири.
Неживая природа: тёплое, продолжительное, засушливое лето. Часто дуют суховеи, бывают пыльные бури. Почва плодородная — чернозём.
Растительный мир: ковыль, типчак, ирис, полынь, тюльпан, горицвет, перекати-поле.
Животный мир: сайгак, суслик, тушканчик, полёвка, дрофа, серая куропатка, степная гадюка, черепаха, кузнечик.
Охрана природы: Ростовский, Оренбургский, Даурский заповедники.
Экологические проблемы: распашка степей, браконьерство.

Пустыня
Географическое положение: побережье Каспийского моря.
Неживая природа: лето очень жаркое, земля раскаляется до 70 градусов, воздух — до 40 градусов. Очень мало осадков.
Растительный мир: верблюжья колючка, колосняк, джузгун.
Животный мир: верблюд, сайгак, песчанка, ушастый ёж, песчаный удавчик, жук-чернотелка.
Охрана природы: заповедник «Чёрные Земли».
Экологические проблемы: засоление почвы, перевыпас.

Субтропическая зона
Географическое положение: побережье Чёрного моря.
Неживая природа: умеренно жаркое лето и тёплая зима. Зимой идут дожди, изредка — снег, который быстро тает. Тип почвы: бурая, коричневая.
Растительный мир: бук, дуб, крымская сосна, кипарис, магнолия, лаванда, миндаль, инжир, шалфей, виноград.
Животный мир: цикада, богомол, жужелица, олень, дикий кабан, косуля, ястреб, чайки, бакланы, дельфины, морские коньки.
Охрана природы: дендрарий, национальный парк «Сочинский».
Экологические проблемы: загрязнение побережья.

ЭКОЛОГИЯ

Экология — наука о взаимосвязях и взаимоотношениях организмов и окружающей среды.

Экологическая проблема — опасное изменение в окружающей среде под влиянием человека: загрязнение океана, исчезновение тропических лесов и т. п.

Решению экологических проблем помогают:

- **международные соглашения** (Конвенция по ограничению торговли редкими и исчезающими видами диких животных и растений, Конвенция об охране фауны и флоры, находящейся под угрозой уничтожения и др.);
- **международные организации** (Всемирный фонд дикой природы, Гринпис);
- **международные экологические дни** (22 марта — Всемирный день воды, 1 апреля — Международный день птиц, 5 июня — Всемирный день окружающей среды, 4 октября — международный день защиты животных).

Красная книга — книга, куда занесены редкие и исчезающие растения и животные, которые охраняются законом. **Международная Красная книга** была создана в 1966 году. В неё на страницы разного цвета занесены растения и животные планеты, которым угрожает опасность полного уничтожения (большая панда, белый носорог, орангутан, орнитоптера королевы Александры и др.).

Формы охраны природы

Заповедники — участки земли, где вся природа находится под строгой охраной.

Заказники — участки земли, где под охраной находится определённая часть природы.

Памятники природы — уникальные и ценные природные объекты.

Национальные парки — природные музеи под открытым небом.

Объекты Всемирного наследия

Всемирное наследие — самые выдающиеся достопримечательности природы и культуры. Всемирное наследие включает объекты природы (**Всемирное природное наследие**) и творения человека (**Всемирное культурное наследие**).

Объекты Всемирного природного наследия

- Большой каньон (Северная Америка);
- водопад Игуасу (Южная Америка);
- водопад Виктория (Африка);
- Большой Барьерный риф (Австралия);
- вулканы Камчатки;
- озеро Байкал;
- Алтай — Золотые горы (Евразия).

Объекты Всемирного культурного наследия

- Статуя Свободы в Нью-Йорке;
- храм Абу-Симбел;
- Мемфис — древняя столица Египта;
- афинский Акрополь;
- Венеция;
- Московский Кремль и Красная площадь;
- Кижи — деревянные церкви;
- исторический центр Санкт-Петербурга;
- Великая Китайская стена.

Эмблема Всемирного наследия

Эмблема Гринписа

СТРОЕНИЕ ТЕЛА ЧЕЛОВЕКА

Человек, как и все живые организмы, дышит, питается, растёт, развивается, у него рождаются дети. В отличие от животных, человек — **существо разумное**, он мыслит, разговаривает, мечтает.

Организм человека изучают разные науки:

- **анатомия** — наука о строении тела человека;
- **физиология** — наука, изучающая работу органов и систем человеческого организма;
- **гигиена** — наука о сохранении и укреплении здоровья;
- **медицина** — наука о причинах заболеваний и способах их лечения;
- **психология** — наука о душевной жизни человека (переживаниях, особенностях характера).

Системы органов человека

Организм человека состоит из органов и систем.

Орган — часть организма, выполняющая определённую работу. **Система органов** — это несколько органов, выполняющих одну работу.

Система органов чувств состоит из **органов зрения** (глаза), **обоняния** (нос), **слуха** (уши), **вкуса** (язык) и **осязания** (кожа).

Опорно-двигательная система состоит из **скелета** и **мышц**. Они являются основой и опорой тела человека, защищают внутренние органы от повреждений. **Скелет** состоит из черепа, позвоночника, ключиц, лопаток, грудины, 12 пар рёбер, верхних конечностей, нижних конечностей, тазовых костей. У новорождённого около 350 костей, у взрослого человека — 206. К костям прикрепляются **мышцы** — мягкие волокнистые ткани, которые могут сокращаться и расслабляться.

Системы органов человека

Пищеварительная система — ряд органов, с помощью которых организм получает питательные вещества: белки, жиры, углеводы, витамины. В эту систему входят: **ротовая полость**, **пищевод** (трубка длиной до 25 см), **желудок**, **кишечник**. Общая длина всех органов пищеварения — 8–10 м.

Система дыхания — несколько органов, с помощью которых происходит насыщение организма кислородом и выделение углекислого газа. К органам дыхания принадлежат: **носоглотка**, **гортань**, **трахея, бронхи**, **лёгкие**.

Система кровообращения — органы, благодаря которым происходит транспортировка кислорода и питательных веществ ко всем частям человеческого тела. В систему кровообращения входят **сердце** и **кровеносные сосуды** (артерии, вены и капилляры).

Обогащение крови кислородом происходит в **малом кругу кровообращения**, который проходит от сердца к лёгким и снова к сердцу. **Большой круг кровообращения** начинается с сердца, от которого по артериям течёт обогащённая кислородом кровь. Эта кровь через капилляры поступает к каждому органу, а из органов в вены поступает и идёт к сердцу кровь, насыщенная углекислым газом. Сердце при этом работает как насос. Частоту сердечных сокращений можно измерить, приложив пальцы к запястью в области большого пальца и сосчитав количество ударов за одну минуту.

Нервная система обеспечивает взаимодействие всех органов и систем, т. е. слаженную работу организма в целом. Она состоит из **головного мозга** (в черепе), **спинного мозга** (в позвоночнике) и **нервов**. **Нервы** — тонкие чувствительные волокна, которые пронизывают наш организм и передают импульсы ко всем органам и системам.

ОБЩЕСТВО

Общество — люди, объединённые одними и теми же интересами. Для каждого человека общество состоит из многих **общественных групп** и **круга его общения**.

Семья объединяет самых близких друг другу людей. Члены семьи заботятся друг о друге, живут под одной крышей, ведут совместное хозяйство.

Правила взаимоотношений в семье:

- будь вежливым с близкими;
- не переноси своё плохое настроение на окружающих;
- старайся приносить радость членам своей семьи;
- цени и береги семейные традиции;
- помогай близким в домашних делах.

Народ — это:

- все граждане одного государства;
- большая группа людей, разговаривающих на одном языке, имеющих свои национальные костюмы, обычаи, песни, танцы, сказки.

Государство — организация общества в какой-либо стране. Оно имеет свою территорию, государственные границы, столицу, государственный язык. У него есть армия, полиция, которые обеспечивают безопасность. Быть **гражданином** — значит быть защитником государства, пользоваться **гражданскими правами** и выполнять **гражданские обязанности**. Государство создаёт в стране систему образования, поддерживает науку, культуру.

Главой государства может быть президент (Россия, США, Франция и др.), король и королева (Швеция, Великобритания), император (Япония), князь (Монако), Великий герцог (Люксембург), султан (Оман, Бруней и др.), Папа Римский (Ватикан).

Символами государства являются государственный флаг, государственный герб, государственный гимн.

НАША РОДИНА — РОССИЯ

Наша Родина — **Россия**, или **Российская Федерация**. Слово «федерация» в переводе обозначает «союз», «объединение». Российская Федерация объединяет **22 республики**, **46 областей**, **9 краёв**, **1 автономную область**, **4 автономных округа**, **3 города федерального значения**. На территории России проживает 160 народов.

Государственные символы России

Государственный герб России — золотой двуглавый орёл. Повёрнутые головы орла символизируют расположение России в двух частях света — Европе и Азии. Короны, соединённые лентами, скипетр и держава в лапах орла говорят о сильной власти и единстве государства. Всадник, поражающий копьём дракона, — о готовности народа встать на защиту родной земли.

Государственный флаг России состоит из полос трёх цветов (белого, синего, красного), расположенных сверху вниз. Красный цвет символизирует мужество и смелость, синий — верность и честность, белый — благородство. 22 августа отмечается День Государственного флага Российской Федерации.

Государственный гимн России — торжественное музыкальное произведение, принятое как символ государственного единства. Музыку гимна написал композитор А. В. Александров, слова — поэт С. В. Михалков. Государственный гимн следует слушать стоя; мужчины при этом снимают головные уборы, военные — отдают честь. Герб, флаг и гимн — символы достоинства страны. Неуважение к ним рассматривается как неуважение к государству.

Политическое устройство России

Основной закон Российской Федерации — **Конституция**. Она была принята в 1993 году. Слово «конституция» означает «устройство». В Конституции определён порядок управления страной, записаны **права и свободы** человека: право на жизнь, право на свободу и личную неприкосновенность, на личную и семейную тайну, на защиту своей чести и доброго имени, право на достойную жизнь, право на образование, право на отдых и труд, право избирать и быть избранным и др. На основе Конституции принимаются другие **законы** — правила, обязательные для всех жителей страны.

Глава Российской Федерации — **Президент**.
Парламентом является **Федеральное собрание**, состоящее из двух палат: **Совета Федерации** и **Государственной думы**. Государственная дума принимает законы, а Совет Федерации одобряет или отклоняет их. Закон вступает в силу после того, как его подписывает Президент.
Правительство — исполнительная власть в государстве. Правительство Российской Федерации разрабатывает меры по развитию хозяйства, культуры и других областей жизни.

Границы России

Сухопутные: с Норвегией, Финляндией, Эстонией, Латвией, Литвой, Польшей, Беларусью, Украиной, Грузией, Азербайджаном, Казахстаном, Монголией, Китаем, Северной Кореей.
Морские: с Японией и США.

Чалая, Елена Николаевна.

Ч-16 Окружающий мир в таблицах / Е.Н. Чалая. — Москва : Эксмо, 2018. — 32 с. — (Наглядный справочник школьника. 1—4 классы).

Основная цель справочника, соответствующего требованиям ФГОС, — обобщить и систематизировать учебный материал, закрепить и усовершенствовать знания младших школьников.

Книга включает в себя множество таблиц по основным темам школьной программы. Благодаря наглядной и доступной форме подачи материала ученики смогут быстро и легко найти любую необходимую им информацию.

Издание предназначено для учащихся начальных классов, родителей, педагогов и рассчитано как для работы на уроке, так и для домашнего пользования.

УДК 373.3:50
ББК 74.261

ISBN 978-5-699-96233-4

Справочное издание
анықтамалық баспа

Для младшего школьного возраста
мектеп жасындағы кіші балаларға арналған

НАГЛЯДНЫЙ СПРАВОЧНИК ШКОЛЬНИКА. 1—4 КЛАССЫ

Чалая Елена Николаевна

ОКРУЖАЮЩИЙ МИР В ТАБЛИЦАХ

(орыс тілінде)

Ответственный редактор *А. Жилинская.* Ведущий редактор *В. Ермолаева*
Редакторы *А. Столяренко, И. Кукушкина.* Художественный редактор *В. Терещенко*
Компьютерная верстка *Е. Смирнова.* Корректор *Ю. Куликова*

Издание подготовлено при содействии агентства «УЛА»

В оформлении обложки использованы иллюстрации:
schiva, BlueRingMedia, Krol / Shutterstock.com
Используется по лицензии от Shutterstock.com

ООО «Издательство «Эксмо»
123308, Москва, ул. Зорге, д. 1. Тел.: 8 (495) 411-68-86.
Home page: www.eksmo.ru E-mail: info@eksmo.ru
Өндіруші: «ЭКСМО» АҚБ Баспасы, 123308, Мәскеу, Ресей, Зорге көшесі, 1 үй.
Тел.: 8 (495) 411-68-86.
Home page: www.eksmo.ru E-mail: info@eksmo.ru.
Тауар белгісі: «Эксмо»
Интернет-магазин : www.book24.ru
Интернет-дүкен : www.book24.kz
Импортёр в Республику Казахстан ТОО «РДЦ-Алматы».
Қазақстан Республикасындағы импорттаушы «РДЦ-Алматы» ЖШС.
Дистрибьютор и представитель по приему претензий на продукцию,
в Республике Казахстан: ТОО «РДЦ-Алматы»
Қазақстан Республикасында дистрибьютор және өнім бойынша арыз-талаптарды
қабылдаушының өкілі «РДЦ-Алматы» ЖШС,
Алматы қ., Домбровский көш., 3«а», литер Б, офис 1.
Тел.: 8 (727) 251-59-90/91/92; E-mail: RDC-Almaty@eksmo.kz
Өнімнің жарамдылық мерзімі шектелмеген.
Сертификация туралы ақпарат сайтта: www.eksmo.ru/certification

Сведения о подтверждении соответствия издания согласно законодательству РФ
о техническом регулировании можно получить на сайте Издательства «Эксмо»
www.eksmo.ru/certification

Өндірген мемлекет: Ресей. Сертификация қарастырылған

Знак информационной продукции согласно Федеральному закону от 29.12.2010 г. № 436-ФЗ
0+

Продукция соответствует требованиям ТР ТС 007/2011

Дата изготовления / Подписано в печать 19.06.2018. Формат 70x100 1/16.
Печать офсетная. Усл. печ. л. 2,59.
Доп. тираж 5000 экз. Заказ 5874.

BOOK24.RU
ИНТЕРНЕТ-МАГАЗИН

ISBN 978-5-699-96233-4

9 785699 962334 >

Отпечатано с готовых файлов заказчика
в АО «Первая Образцовая типография»,
филиал «УЛЬЯНОВСКИЙ ДОМ ПЕЧАТИ»
432980, г. Ульяновск, ул. Гончарова, 14

EAC